白石詩集

사슴

시인 백석

1912년 7월 1일, 평안북도 정주 출생. 본명 백기행.
 일본의 시인 이시카와 타쿠보쿠(石川啄木)의 시를 좋아하여 그의 이름 중 석을 택해서 썼다.
 오산고보 재학 중 백석은 부친을 닮아 성격이 차분했으며 친구가 없었다.
 1936년 시집 '사슴'을 경성문화 인쇄사에서 100부 한정본으로 찍었다. 윤동주는 백석 시집을 구할 수 없어 노트에 시를 필사한 이야기는 유명하다.
 해방 전 천재 시인으로 명성이 자자했다.

백석 시집 사슴 : 500부 궁성체 한정본

초판 발행 2016년 4월 29일
2판 2쇄 발행   2024년 11월 1일
디자인 김PD
펴낸이 이일로
펴낸곳 도서출판 라이프하우스
등록일 2009년 2월 24일
대표 전화 0505)369-3877 / 팩스 02)6442-3877
출판사 블로그 http://blog.naver.com/windpaper
가격 6,600원

이 책에 실린 모든 내용, 디자인, 이미지, 편집 구성의 저작권은 도서출판라이프하우스와 저자에게 있습니다. 허락 없이 복제하거나 다른 매체에 옮겨 실을 수 없습니다.

ISBN 979-11-87271-19-2   03810

白石詩集

사슴

도서출판 라이프하우스

NO

1936년

　시집 '사슴'을 백석 시인이 직접 100부 한정본으로 간행한다.

　발매 당시 백석 시집 가격은 2원이었다. 타 시집보다 2배 비싼 가격이었다. 당시 쌀 한 가마니에 13원이었다고 한다.

　백석은 개인 시집을 '사슴' 외에는 내놓지 않았다. 이후 잡지, 신문 같은 정기 간행물에서 시들을 간간이 발표했다.

　시인 윤동주는 판매되자마자 희귀본이 된 백석 시집을 구할 수 없어, 직접 필사했다는 일화는 유명하다.

머리말

전설을 말하다, 백석

　백석은 평안북도 정주 방언을 즐겨 사용하였으며 시 언어 운용은 파격적인 느낌을 받을 정도로 훌륭했다.

　시인 백석은 1912년 7월 1일 평안북도 정주에서 출생하였다. 정주에 있는 오산보통학교와 오산고등보통학교를 졸업했다.

　일본으로 건너가 도쿄 아오야마 학원을 졸업한 후, 조선일보사 출판부에 근무하였다. 거리로 나서면 뛰어난 외모로 인기를 한 몸에 받았다. 1936년에 전설이 될 시집 '사슴'을 발표했다.

　우리나라 특유의 토속적인 리듬을 수용하여 우리말의 아름다움을 구사하는 시로 현대시사에 시사하는 바가 컸다. 윤동주는 판매되자마자 희귀본이 된 시집을 구할 수 없어, 직접 필사했다는 일화는 유명하다. 북한 소식통을 통해 그의 죽음이 알려졌다. 1996년에 북한에서 사망했다.

　1936년에 조선일보와 조광朝光에 발표한 7편의 시에, 새로 선

보이는 26편의 시를 보태어 시집 '사슴'을 당시 경성부 통의동에서 자비로 출간했다.

본서에서는 100부 한정판으로 제공되던 백석 시집과 정기 간행물에 발표된 중요 시들을 모았으며, 가급적 가독성 있게 읽을 수 있도록 평역하였다.

로맨티스트, 백석

시 만큼 놀라운 건, 그의 행보였다. 간혹 일요일 아침, TV 미스터리 프로그램에서 백석이 등장했다. 세기의 로맨스를 벌였던 백석은 당대 최고의 시인에 걸맞은 로맨티스트였다.

백석과 아름다운 기생 자야의 일화는 로맨스에 열광하는 팬들에게 열렬한 지지를 받고 있다. 자야는 백석과 깊은 사랑을 했으나 백석 집안의 반대로 헤어지게 된다. 백석은 고향으로 돌아가게 되었고 1950년 분단이 되면서 만남을 기약할 수 없기에 이른다.

자야는 백석이 잠시 하숙했던 땅에 요정 대원각을 세웠다. 후에 대원각을 비롯한 전 재산을 '무소유'를 쓴 법정 스님에게 시주한다. 이곳에 절을 세우고 이름을 지었는데, 절 이름이 유명한 길상사이다. 자야의 법명이 길상화였기에 이름을 그렇게 명명한 것은 합당했다.

천억 원에 시 한줄

자야는 법정 스님에게 전 재산을 시주한 일화는 널리 퍼졌으며 이와 같은 사실을 궁금히 여긴 기자가 찾아와 인터뷰를 했다.

기자가 찾아와 다음과 같은 질문을 던졌다.

"천억을 내놓았는데, 후회되지 않나요?"

자야가 이렇게 답했다고 전해진다.

"천억 원도 그 사람 시 한 줄만 못해. 다시 태어나면 나도 시 쓸 거야."

백석은 광복 후 자신의 고향 평안북도 정주로 돌아갔기에 남한에서는 그를 월북작가로 명명하고 그의 시집을 금서로 지정했다.

1987년 월북작가 해금 조치로 후배 작가와 평론가들에 의해 활발히 소개되었다. 그리고 백석이 사랑했던 여인 자야도 김자야라는 이름으로 백석과의 사랑을 추억하며 '내 사랑 백석'을 내놓았다.

    마침 우리 편집부는 백석 시집 '사슴' 500부 한정본을 현대어로 평역할 수 있는 귀한 기회를 얻게 되었다. 게다가 시집이 출간되는 계절은 10월이 온통 무르익는 아름다운 가을이었다.

    지금도 마음만 먹으면 길상사에 갈 수 있다. 서울 지하철4호선 한성대입구 역 6번 출구에서 하차한 후 마을버스 성북02번으로 환승한다. 길상사 입구에서 내려 5분 정도 걷다 보면 백석의 흔적을 찾아볼 수 있다.

    백석 시집과 함께 한다면 즐거움은 배가 될 것이리라.

               2024년 서울 길상사 앞을 거닐며 편집팀 일동

차 례

- 백석 시집 사슴

제1부 얼룩소 새끼의 영각
가즈랑집   13
여우난골족   17
고방   21
모닥불   23
고야   24
오리 망아지 토끼   28

제2부 돌덜구의 물
초동일   31
하답夏畓   32
주막   33
적경寂境   34
미명계未明界   35
성외城外   36
추일산조秋日山朝   37
광원   38
흰 밤   39

제3부 노루

청시靑枾　41

산비　42

쓸쓸한 길　43

자류柘榴　44

머루밤　45

여승　46

수라　48

비　50

노루　51

제4부 국수당 넘어

절간의 소 이야기　53

통영　54

오금덩이라는 곳　55

가키사키의 바다　57

정주성　58

창의문외彰義門外　59

정문촌旌門村　60

여우난골　62

삼방三防　63

- 백석시선

제5부 남행시초
창원도   65
통영   66
고성가도   67
삼천포   68

제6부 함주시초
북관   71
노루   72
고사   74
선우사   76
산곡   78

제7부 백석시선
남신의주 유동 박시봉방   81
흰 바람벽이 있어   84
나와 나타샤와 흰 당나귀   87
추야일경   89
팔원 - 서행시초   90
국수   91
바다   94
나와 지렁이   95
내가 이렇게 외면하고   96

1

얼룩소 새끼의 영각

가즈랑집

 승냥이가 새끼를 치는 전에는 쇠망치 든 도적이 났다는 가즈랑 고개

 가즈랑집은 고개 밑의
 산 너머 마을서 돼지를 잃는 밤 짐승을 쫓는 깽제미 소리가 무섭게 들려오는 집
 닭 개 짐승을 못 놓는
 멧돼지와 이웃사촌을 지내는 집

 예순이 넘은 아들 없는 가즈랑집 할머니는 중같이 정淨해서 할머니가 마을을 가면 긴 담뱃대에 독하다는 막써레기를 몇 대라도 붙이라고 하며

 간밤엔 섬돌 아래 승냥이가 왔었다는 이야기
 어느메 산골에선가 곰이 아이를 본다는 이야기

나는 돌나물김치에 백설기를 먹으며

옛말의 귀신집에 있는 듯이

가즈랑집 할머니

내가 날 때 죽은 누이도 날 때

무명필에 이름을 써서 백지 달어서 구신간시렁의 당 즈깨에 넣어 대감님께 수양을 들였다는 가즈랑집 할머니

언제나 병을 앓을 때면

신장님 단련이라고 하는 가즈랑집 할머니

귀신의 딸이라고 생각하면 슬퍼졌다

토끼도 살이 오른다는 때 아르대즘퍼리에서 제비꼬리 마타리 쇠조지 가지취 고비 고사리 두릅순 회순 산나물을 하는 가즈랑집 할머니를 따르며

나는 벌써 달디단 물구지우림 둥굴레우림을 생각하고

아직 멀은 도토리묵 도토리범벅까지도 그리워한다

뒤울안 살구나무 아래서 광살구를 찾다가

살구 벼락을 맞고 울다가 웃는 나를 보고

밑구멍에 털이 몇 자나 났나 보자고 한 것은 가즈랑집 할머니다

찰복숭아를 먹다가 씨를 삼키고는 죽는 것만 같아 하루종일 놀지도 못하고 밥도 안 먹은 것도

가즈랑집에 마을을 가서

당세 먹은 강아지같이 좋아라고 집오래를 설레다가였다

가즈랑 : 고개 이름
깽제미: 꽹과리처럼 놋그릇 두 개 부딪쳐 소리를 내 짐승을 쫓는다
정해서 : 정淨 은 맑을 정자를 의미한다. 깨끗한 육신
막써레기 : 담배이파리를 썰어놓은 것.
구신간시렁 : 귀신을 모셔놓은 곳 시렁.
당즈깨 : 도시락 평북 방언.
수양 : 데려다 기르는 자식

신장님 : 힘이 쎈 장수 귀신

아르대 즘퍼리 : 아르대는 아래쪽을 의미, 즘퍼리는 축축 젖은 땅

제비꼬리 : 제비꼬리고사리, 뿌리줄기는 옆으로 뻗으며 잎은 길고 깃조각은 꼬리처럼 길게 뾰족하다.

쇠조지 : 식용 산나물

가지취 : 참취나물

물구지우림 : 무릇의 뿌리를 물에 우려내서 엿처럼 고아낸 것을 말함

둥굴레우림: 둥굴레 뿌리를 여러 날 물에 담가 풀물을 우려낸 것을 말함

광살구 : 너무 익어 저절로 떨어진 살구

뒤울안 : 집 뒤 울타리 안

당세 당수 : 곡식을 물에 불려 간 가루나 마른 메밀 가루에 술을 조금 넣고 물을 부어 미음 같이 쑨 것.

집오래 : 집 근처

설레다 : 가만히 있지 아니하고 움직이다

여우난골족

　명절날 나는 엄매 아배 따라 우리집 개는 나를 따라 친할머니 친할아버지가 있는 큰집으로 가면

　얼굴에 별자국이 솜솜 난 말할 때 마다 눈도 껌벅거리는 하루에 베 한 필을 짠다는 벌 하나 건너 집엔 복숭아나무가 많은 신리新里 고모 고모의 딸 이녀李女 작은 이녀李女

　열여섯에 사십이 넘은 홀아비의 후처가 된 포족족하니 성이 잘 나는 살빛이 매감탕 같은 입술과 젖꼭지는 더 까만 예수쟁이 마을 가까이 사는 토산 고모 고모의 딸 승承녀 아들 승承동이

　육십리六十里라고 해서 파랗게 보이는 산 너머 있다는 해변에서 과부가 된 코 끝이 빨간 언제나 흰옷이 정하든 말 끝에 서럽게 눈물을 짤 때가 많은 큰골 고모 고모의 딸 홍녀洪女 아들 홍洪동이 작은 홍洪동이

배나무접을 잘하는 주정을 하면 토방돌을 뽑는 오리
치를 잘 놓는 먼섬에 밴댕이젓 담그러 가기를 좋아하
는 삼촌 삼촌엄마 사촌누이 사촌동생들이 그득히들 할
머니 할아버지가 있는 안간에들 모여서 방안에서는 새
옷의 내음새가 나고
 또 인절미 송구떡 콩가루찰떡의 내음새도 나고 끼때
의 두부와 콩나물과 볶은 잔대와 고사리와 돼지 비계
는 모두 선득선득하니 찬 것들이다

 저녁술을 놓은 아이들은 외양간 옆 밭마당에 달린
배나무동산에서 쥐잡이를 하고 숨바꼭질을 하고 꼬리
잡기를 하고 가마 타고 시집가는 놀음 말타고 장가가
는 놀음을 하고 이렇게 밤이 어둡도록 북적하니 논다
 밤이 깊어가는 집안엔 엄매는 엄매들끼리 아랫간에
서들 웃고 이야기하고 아이들은 아이들끼리 윗간 한
방을 잡고 조아질하고 쌈방이 굴리고 바리깨돌림하고
호박떼기하고 제비손이구손이하고 이렇게 화디의 사
기등잔에 심지를 몇 번이나 돋구고 홍게닭이 몇 번이

나 울어서 졸음이 오면 아랫목 싸움 자리싸움을 하며 히드득거리다 잠이 든다 그래서는 문창에 텅납새의 그림자가 치는 아침 시누이 동서들이 북적대며 흥성거리는 부엌으론 샛문틈으로 장지문틈으로 무이징게국을 끓이는 맛있는 내음새가 올라오도록 잔다

  이녀 : 이녀, 승녀, 홍녀, 홍동이 등은 평북 지방에서 아이들 애칭이다. 아버지가 홍가일 경우 아들 아이는 홍동이, 딸아이는 홍녀라고 호명한다
  오리치 : 동그란 갈고리 모양으로 된 오리 잡는 도구
  송구떡 : 송진을 우려낸 후 두들겨서 솜 같이 만든 것을 섞어 만든 떡
  잔대 : 산야에서 자라는 높이 40~120센티미터의 여러해살이 풀로 연한 뿌리는 식용한다. 더덕과 닮았다
  조아질 : 공기 놀이
  쌈방이 굴리고 : 쌈방이라는 주사위의 일종으로 평북 지방 토속적인 풍물을 굴리면서 노는 것
  바리깨돌림 : 주발 뚜껑을 돌리며 노는 것

호박떼기 : 보통 남한에서는 수박떼기, 수박따기라고 불렀다. 앞 사람의 허리를 잡고 한 줄로 늘어앉아서 하는 놀이. 호박 또는 수박 따는 할멈과 호박 지키는 할멈을 정해 놓고 서로 노래를 주고받으며 제일 뒤에 붙어 있는 호박 아이를 하나씩 딴다. 꼬리 호박인 아이가 떨어지지 않으려고 앞 아이의 허리를 끌어안으면 할멈은 간지럼을 타서 호박을 딴다. 마지막 호박까지 다 따면 놀이는 끝난다.

제비손이구손이 : 마주 앉아 서로 다리를 끼고 다리를 세며 부른다. 노랫말은 지역마다 다르다.

화디 : 등잔을 얹어놓는 기구, 등대의 평북 방언

홍게닭 : 새벽닭

텅납새 : 처마의 안쪽 지붕 평안 방언

무이징게국 : 새우에 무를 썰어넣어 끓인 국. 무이는 무를 말하며 징게는 새우를 말한다.

고방

낡은 질동이에는 갈 줄 모르는 늙은 집난이같이 송구떡이 오래도록 남아 있었다

오지항아리에는 삼촌이 밥보다 좋아하는 찹쌀탁주가 있어서
삼촌의 흉내를 내어가며 나와 사촌은 시큼털털한 술을 잘도 채어 먹었다

제삿날이면 귀머거리 할아버지 가에서 왕밤을 까고 싸리 꼬치에 두부산적을 꿰었다

손자 아이들이 파리떼같이 모이면 곰의 발 같은 손을 언제나 내어둘렀다

구석의 나무말쿠지에 할아버지가 삼는 소신 같은 짚

신이 두둑히 걸리어도 있었다

 옛말이 사는 컴컴한 고방의 쌀독 뒤에서 나는 저녁 끼 때에 부르는 소리를 듣고도 못 들은 척하였다

고방 : 광
질동이 : 질흙을 구워 만든 동이
집난이 : 시집간 딸
송구떡 : 소나무 속껍질을 우려낸 엷은 분홍색의 떡으로 봄철 단오에 많이 먹음
오지항아리 : 흙으로 초벌 구운 위에 오짓물을 입힌 갈색 항아리
나무말쿠지 : 벽에 붙은 나무로 만든 옷걸이

모닥불

새끼 오리도 헌신짝도 소똥도 갓신창도 개이빨도 너울쪽도 짚검불도 가락잎도 머리카락도 헝겊 조각도 막대꼬치도 기왓장도 닭의 깃도 개 터럭도 타는 모닥불

재당도 초시도 문장門長 늙은이도 더부살이 아이도 새사위도 새사둔도 나그네도 주인도 할아버지도 손자도 붓 장사도 땜쟁이도 큰개도 강아지도 모두 모닥불을 쪼인다

모닥불은 어려서 우리 할아버지가 어미아비 없는 서러운 아이로 불상하니도 몽동발이가 된 슬픈 역사가 있다

갓신창 : 부서진 갓에서 나온 말총으로 된 질긴 끈
재당 : 향촌 어르신
초시 : 초시에 합격한 사람
몽동발이 : 딸려있던 것들이 불에 타버려 몽뚱아리만 남은 상태

고야古夜

 아배는 타관 가서 오지 않고 산비탈 외딴 집에 엄매와 나와 단둘이서 누가 죽이는 듯이 무서운 밤 집 뒤로는 어느 산골짜기에서 소를 잡아먹는 노나리꾼들이 도적놈들 같이 쿵쿵거리며 다닌다

 날기멍석을 져간다는 닭보는 할미를 차 굴린다는 땅 아래 고래 같은 기와집에는 언제나 인절미에 꿀에 은금보화가 그득하다는 외발 가진 난장이 뒷산 어느메도 난장이네 나라가 있어서 오줌 누러 깨는 깊은 밤 머리맡의 문살에 대인 유리창으로 난장이 군병의 새까만 대가리 새까만 눈알이 들여다보는 때 나는 이불 속에 자즈러불어 숨도 쉬지 못한다

 또 이러한 밤 같은 때 시집갈 처녀 막내 고모가 고개 너머 큰집으로 치장감을 가지고 와서 엄매와 둘이

소기름에 쌍심지의 불을 밝히고 밤이 들도록 바느질을 하는 밤 같은 때 나는 아랫목의 삿귀를 들고 쇠든 밤을 내여 다람쥐처럼 발라먹고 은행 열매를 인두불에 구워도 먹고 그러다는 이불 위에서 광대넘이를 뒤이고 또 누워 굴면서 엄매에게 웃목에 두른 평풍의 새빨간 천도복숭아의 이야기를 듣기도 하고 고모 더러는 밝은 날 멀리는 못 난다는 메추라기를 잡어달라고 조르기도 하고

내일 같이 명절날인 밤은 부엌에 환하게 불이 밝고 솥뚜껑이 놀으며 구수한 내음새 곰국이 무르끓고 방안에서는 일가집 할머니가 와서 마을의 소문을 펴며 조개송편에 달송편에 죈두기송편에 떡을 빚는 곁에서 나는 밤소 팥소 설탕 든 콩가루소를 먹으며 설탕 든 콩가루소가 가장 맛있다고 생각한다
　나는 얼마나 반죽을 주무르며 흰가루손이 되어 떡을 빚고 싶은지 모른다

섣달에 냅일날이 들어서 냅일날 밤에 눈이 오면 이 밤엔 쌔하얀 할미귀신의 눈귀신도 냅일눈을 받노라 못난다는 말을 든든히 여기며 엄매와 나는 아궁이 위에 떡돌 위에 곱새담 위에 함지에 버치며 큰 양푼을 놓고 치성이나 드리듯이 정淨한 마음으로 냅일눈 약눈을 받는다

이 눈세기물을 냅일물이라고 제주병에 진상항아리에 채워두고는 해를 묵여가며 고뿔이 와도 배앓이를 해도 갑피기를 앓어도 먹을 물이다

노나리꾼 : 소 도살꾼
날기멍석 : 낟알을 널어 말릴 때 쓰는 멍석, 날기는 낟알의 평남 방언
삿귀 : 갈대를 엮어 만든 자리
광대넘이를 뒤이고 : 물구나무를 섰다 뒤집고
쇠든 밤: 말라서 생기 없어진 밤
냅일날 : 납일. 동지 뒤 셋째 미일. 음력으로 연말 무렵이 되는 날 나라에서 종묘와 사직에 제사를 올렸고, 민간에서도 여러 신에게 제사를 지냈다
냅일눈 : 납일에 내리는 눈, 눈을 받아 녹인 납설수는 약용으로 씀
곱새담 : 풀 또는 짚으로 엮어서 만든 담
버치 : 자배기보다 조금 깊고 아가리가 벌어진 큰 그릇
눈세기물 : 눈 섞인 물의 평안 방언
진상항아리 : 가장 소중한 항아리
갑피기 : 이질의 평북 방언

오리 망아지 토끼

오리치를 놓으려 아배는 논으로 내려간 지 오래다
오리는 동비탈에 그림자를 떨어트리며 날아가고 나는 동말랭이에서 강아지처럼 아배를 부르며 울다가
시악이 나서는 등뒤 개울물에 아배의 신짝과 버선목과 대님오리를 모다 던져 버린다

장날 아침에 앞 행길로 엄지 따라 지나가는 망아지를 내라고 나는 조르면
아배는 행길을 향해서 크다란소리로
— 매지야 오나라
— 매지야 오나라

새하러 가는 아배의 지게에 지워 나는 산으로 가며 토끼를 잡으리라고 생각한다
맞구멍난 토끼굴을 아배와 내가 막아서면 언제나

토끼새끼는 내 다리 아래로 달아났다

　나는 서글퍼서 울상을 한다

오리치 : 오리를 잡으려고 만든 그물.
동말랭이 : 논에 물이 흘러 들어가는 도랑 둑.
시악 : 심술
매지 : 망아지
새하다 : 나무하다, 땔감 장만

2

돌덜구의 물

초동일 初冬日

흙담벽에 볕이 따사하니
아이들은 물코를 흘리며 무감자를 먹었다

돌덜구에 천상수天上水가 차게
복숭아나무에 시라리타래가 말라갔다

돌덜구 : 돌절구
초동일 : 겨울 첫날
물코 : 콧물
천상수 : 천상에서 빗물이 내려 고인 물
시라리타래 : 시래기를 길게 엮은 타래

하담夏畓

짝새가 발 뿌리에서 날은 논두렁에서 아이들은 개구리의 뒷다리를 구어먹었다

게구멍을 쑤시다 물쿤하고 배암을 잡은 늪의 피 같은 물이끼에 햇볕이 따가웠다

돌다리에 앉아 날버들치를 먹고 몸을 말리는 아이들은 물총새가 되었다

짝새 : 뱁새

주막

호박잎에 싸오는 붕어곰은 언제나 맛있었다

부엌에는 빨갛게 길들은 팔모알상이 그 상 위엔 새파란 싸리를 그린 눈알만한 잔이 보였다

아들 아이는 범이라고 잔고기를 잘 잡는 앞니가 뻐드러진 나와 동갑이었다

울파주 밖에는 장꾼들을 따라와서 엄지의 젖을 빠는 망아지도 있었다

붕어곰 : 적당히 구운 붕어
팔모알상 : 테두리가 팔각인 상
잔고기 : 작은 물고기
울파주 : 울바자의 평북 방언. 대, 갈대, 수수깡, 싸리 등을 발처럼 엮은 울타리
엄지 : 짐승 어미

적경寂境

신살구를 잘도 먹드니 눈오는 아침
나어린 아내는 첫아들을 낳았다

인가人家 멀은 산중에
까치는 배나무에서 짖는다

컴컴한 부엌에서는 늙은 홀아비의 시아부지가 미역국을 끓인다
그 마을의 외따른 집에서도 산국을 끓인다

적경 : 인적이 드문 외딴 곳
산국 : 산모가 아이를 낳은 후 먹는 미역국

미명계 未明界

자주 닭이 울어서 술국을 끓이는 듯한 추탕鰍湯집의
부엌은 뜨수할 것같이 불이 뿌연히 밝다

초롱이 희뿌옇게 물지게꾼이 우물로 가며
별 사이에 바라보는 그 달은 눈물이 어리었다

행길에는 선장 대여가는 장꾼들의 종이등燈에 나귀
눈이 빛났다
어데서 서러웁게 목탁을 두드리는 집이 있다

추탕 : 추어탕
미명계 : 어둠이 채 가시지 않은 땅
선장 : 이른 장

성외 城外

어두워오는 성문 밖의 거리
돼지를 몰고 가는 사람이 있다

엿방 앞에 엿궤가 없다

양철통을 쩔렁거리며 달구지는 거리 끝에서 강원도로 간다는 길로 든다

술집 문창에 그느슥한 그림자는 머리를 얹혔다

엿궤 : 엿을 담는 상자

추일산조 秋日山朝

아침볕에 섶구슬이 한가로히 익는 골짜기에서 꿩은 울어 산울림과 장난을 한다

산마루를 탄 사람들은 새꾼들인가
파란 하늘에 떨어질 것같이
웃음소리가 더러 산밑까지 들린다

순례巡禮중이 산을 올라간다
어젯잠은 이 산 절에 재齋가 들었다

무리돌이 굴러나리는 건 중의 발꿈치에선가

섶구슬 : 풀잎에 맺힌 이슬
새꾼 : 나무꾼
무리돌 : 돌 여러 개

광원曠原

흙꽃 니는 이른 봄의 무연한 벌을
경편철도輕便鐵道가 노새의 맘을 먹고 지나간다

멀리 바다가 보이는
가정거장假停車場도 없는 벌판에서
차는 머물고
젊은 새악시 둘이 나린다

광원 : 넓은 평원.
니는 : 이는, 머리에 이는 행위
무연한 : 아득하게 너르다
경편철도 : 차량 규모가 작은 철도
노새 : 숫나귀와 암말과의 사이에서 난 잡종으로 짐을 나른다

흰 밤

옛성의 돌담에 달이 올랐다
묵은 초가지붕에 박이
또 하나 달 같이 하이얗게 빛난다
언젠가 마을에서 수절과부 하나가 목을 매여 죽은
밤도 이러한 밤이었다

3

노루

청시靑柿

별 많은 밤
하늬바람이 불어서
푸른 감이 떨어진다 개가 짖는다

산비

산뽕잎에 빗방울이 친다
멧비둘기가 난다
나무등걸에서 자벌레가 고개를 들었다 멧비둘기 쪽을 본다

쓸쓸한 길

거적장사 하나 산뒷 옆비탈을 오른다
아— 따르는 사람도 없이 쓸쓸한 쓸쓸한 길이다
산까마귀만 울며 날고
도적갠가 개 하나 어정어정 따라간다
이스라치전이 드나 머루전이 드나
수리취 땅버들의 하이얀 복이 서러웁다
뜨물 같이 흐린 날 동풍이 설렌다

이스라치전 : 앵두가 지천에 널려 있는 곳
머루전 : 머루가 널려 있는 곳
수리취 : 국화과의 여러해살이풀, 어린잎은 식용한다
복 : 수리취, 버들 등의 겉을 둘러싼 솜털
뜨물 : 곡식을 씻어낸 뿌연 물

자류柘榴

남방토南方土 풀 안 돋은 양지귀가 보인다
햇비 멎은 저녁의 노을 먹고 산다

태고太古에 나서
선인도仙人島가 꿈이다
고산정토高山淨土에 산약 캐다오다

달빛은 이향異鄉
눈은 정기 속에 어우러진 싸움

자류 : 자주색 석류

머루밤

　불을 끈 방안에 햇대의 하이얀 옷이 멀리 추울 것
같이

　개 방위方位로 말방울 소리가 들려온다

　문을 연다 머루 빛 밤하늘에
송이버섯의 내음새가 났다

햇대 : 못을 걸 수 있게 만든 막대

여승

여승은 합장하고 절을 했다
가지취의 내음새가 났다
쓸쓸한 낯이 옛날같이 늙었다
나는 불경처럼 서러워졌다

평안도의 어느 산 깊은 금덤판
나는 파리한 여인에게서 옥수수를 샀다
여인은 나어린 딸아이를 따리며 가을밤 같이 차게 울었다

섶벌 같이 나아간 지아비 기다려 십 년이 갔다
지아비는 돌아오지 않고
어린 딸은 도라지꽃이 좋아 돌무덤으로 갔다

산꿩도 섧게 울은 슬픈 날이 있었다

산절의 마당귀에 여인의 머리올이 눈물방울과 같이 떨어진 날이 있었다

가지취 : 참취나물
금덤판 : 금전판, 금을 캐거나 파는 산골의 장소로 간이 식료품 등 잡품을 파는 곳
섭벌 : 꿀벌

수라修羅

거미새끼 하나 방바닥에 나린 것을 나는 아무 생각 없이 문밖으로 쓸어버린다
차디찬 밤이다

어니젠가 새끼거미 쓸려나간 곳에 큰거미가 왔다
나는 가슴이 짜릿한다
나는 또 큰거미를 쓸어 문밖으로 버리며
찬 밖이라도 새끼 있는 데로 가라고 하며 서러워한다

이렇게 해서 아린 가슴이 싹기도 전이다
어디서 좁쌀알만한 알에서 갓 깨인 듯한 발이 채 서지도 못한 무척 작은 새끼 거미가 이번엔 큰 거미 없어진 곳으로 와서 아물거린다
나는 가슴이 메이는 듯하다

내 손에 오르기라도 하라고 나는 손을 내미나 분명히 울고불고할 이 작은 것은 내가 무서워 달아나버리며 나를 서럽게 한다
 나는 이 작은 것을 고이 보드러운 종이에 받어 또 문밖으로 버리며
 이것의 엄마와 누나나 형이 가까이 이것의 걱정을 하며 있다가 쉬이 만나기나 했으면 좋으련만 하고 슬퍼한다

수라 : 안정을 찾지 못한 상태, 큰 혼란에 빠진 세상
싹기도 : 흥분이 가라앉기도

비

아카시아들이 언제 흰 두레방석을 깔었나
어데서 물큰 개비린내가 온다

물큰 : 냄새가 한꺼번에 퍼지는 모양

노루

산골에서는 집터를 치우고 달구로 다지고
보름달 아래서 노루 고기를 먹었다

4

국수당 넘어

절간의 소 이야기

 병이 들면 풀밭으로 가서 풀을 뜯는 소는 인간보다 영靈해서 열 걸음 안에 제 병을 낫게 할 약이 있는 줄을 안다고

 수양산의 어느 오래된 절에서 칠십이 넘은 노장은 이런 이야기를 하며 치맛자락의 산나물을 추슬렀다

통영

 옛날엔 통제사가 있었다는 낡은 항구의 처녀들에겐 옛날이 가지 않은 천희千姬라는 이름이 많다
 미역줄기같이 말라서 굴껍질처럼 말없이 사랑하다 죽는다는
 이 천희千姬의 하나를 나는 어느 오랜 객주 집의 생선 가시가 있는 마루방에서 만났다
 저문 유월의 바닷가에선 조개도 울을 저녁 소라등잔이 불그레한 마당에 김냄새 나는 비가 나렸다

 천희 : 시집 안 간 처녀

오금덩이라는 곳

 어스름 저녁 국수당 돌각담의 수무나무 가지에 녀귀의 탱을 걸고 나물매 갖추어 놓고 비난수를 하는 젊은 새악시들
 —잘 먹고 가라 서리서리 물러가라 네 소원 풀었으니 다시 침노 말아라

 벌개늪녘에서 바리깨를 뚜드리는 쇳소리가 나면 누가 눈을 앓어서 부증이 나서 찰거머리를 부르는 것이다
 마을에서는 피멍이 든 눈시울에 저린 팔다리에 거머리를 붙인다

 여우가 우는 밤이면
 잠없는 노친네들은 일어나 팥을 쓸며 방뇨를 한다
 여우가 주둥이를 향하고 우는 집에서는 다음날 으레

히 흉사가 있다는 것은 얼마나 무서운 말인가

국수당 : 마을 수호신을 모신 곳 또는 서낭당
녀귀 : 여자 귀신
탱 : 얼굴이나 모습을 그린 그림
나물매 : 나물과 밥
비난수 : 원혼을 달래는 행위
서리서리 : 똬리를 틀며 둥글게 감아 올리는 모양, 사리다라고도 함
벌개늪 : 빨간 이끼가 덮여 있는 오래된 늪
바리께 : 놋쇠 밥그릇 뚜껑
부증 : 혈액 순환 부족으로 몸이 퉁퉁 붓는 병. 부종이라고도 부른다

가키사키柿崎의 바다

저녁밥 때 비가 들어서
바다엔 배와 사람이 흥성하다

참대창에 바다보다 푸른 고기가 께우며 섬돌에 곰조개가 붙는 집의 복도에서는 배창에 고기 떨어지는 소리가 들렸다

이즉하니 물기에 누굿이 젖은 왕구새자리에서 저녁상을 받은 가슴 앓는 사람은 참치회를 먹지 못하고 눈물겨웠다

어득한 기슭의 행길에 얼굴이 해쓱한 처녀가 새벽달같이
아 아즈내인데 병인病人은 미역 냄새 나는 덧문을 닫고 버러지같이 누었다

가키사키 : 시기, 일본 이즈반도 최남단 항구
이즉하니 : 밤이 깊으니 / 아즈내 : 초저녁

정주성

산턱 원두막은 비었나 불빛이 외롭다
헝겊심지에 아주까리 기름 쪼는 소리가 들리는 듯하다

잠자리 조을든 무너진 성터
반딧불이 난다 파란 혼魂들 같다
어디서 말소리 나는 듯이 크다란 산새 한 마리 어두운 골짜기로 난다

헐리다 남은 성문이
하늘빛같이 훤하다
날이 밝으면 또 메기수염의 늙은이가 청배를 팔러 올 것이다

정주성 : 평안북도 서남부 해안지대에 위치한 조선시대 성곽, 백석의 고향
청배 : 푸른 빛이 도는 배

창의문외(彰義門外)

무밭에 흰나비 나는 집 밤나무 머루넝쿨 속에 키질하는 소리만이 들린다
  우물가에서 까치가 자꾸 짖거니 하면
  붉은 수탉이 높이 샛더미 위로 올랐다
  텃밭가 재래종의 능금나무에는 이제도 콩알만한 푸른 알이 달렸고 히스무레한 꽃도 하나 둘 피여있다
  돌담 기슭에 오지항아리 독이 빛난다

샛더미 : 빈터에 높다랗게 쌓아올린 땔감 더미
오지항아리 : 오짓물을 입혀 구운 갈색 항아리

정문촌旌門村

주홍칠이 낡은 정문旌門이 하나 마을 어구에 있었다

'효자노적지지정문孝子盧迪之之旌門' – 먼지가 겹겹이 앉은 목각의 액額에
 나는 열 살이 넘도록 갈지자字 둘을 읽었다

아카시아꽃의 향기가 가득하니 꿀벌들이 많이 날아드는 아침
 귀신은 없고 부엉이가 담벽을 띠고 죽었다

기왓골에 배암이 푸르스름히 빛난 달밤이 있었다
 아이들은 족제비 같이 먼길을 돌았다

정문집 가난이는 열다섯에

늙은 말꾼한데 시집을 갔겄다

정문旌門 : 충신, 효자, 열녀 등을 표창하고자 그의 집 앞이나 마을 앞에 새우던 문

띠고 : 뾰쪽한 부리로 쳐서 찍고

여우난골

박을 삶는 집
할아버지와 손자가 오른 지붕 위에 하늘빛이 진초록이다
우물의 물이 쓸 것만 같다

마을에서는 삼굿을 하는 날
건넌마을서 사람이 물에 빠져 죽었다는 소문이 왔다

노란 싸릿잎이 한불 깔린 토방에 햇칡방석을 깔고 나는 호박떡을 맛있게도 먹었다

어치라는 산새는 벌배 먹어 고흡다는 골에서 돌배 먹고 앓던 배를 아이들은 떨배 먹고 나았다고 하였다

한불 : 많이 쌓인 상태
벌배 : 야생에서 자란 배

삼방三防

 갈부던 같은 약수터의 산거리엔 나무그릇과 다래 나무 지팡이가 많다

 산너머 십오리十五里서 나무뒝치 차고 싸리신 신고 산비에 촉촉이 젖어서 약물을 받으러 오는 두멧아이들도 있다

 아랫마을에서는 애기무당이 작두를 타며 굿을 하는 때가 많다

갈부던 : 갈잎 장신구
뒝치 : 뒤웅박

5

남행시초南行詩抄

조선일보에 4회 걸쳐 발표한 연시로 경상남도 통영, 고성, 창원, 사천을 다녔다. 풍경을 멋스럽게 입힌 시이다.

창원도昌原道 — 남행시초 1

솔포기에 숨었다
토끼나 꿩을 놀래주고 싶은 산허리 길은

옆데서 따스하니 손 녹이고 싶은 길이다

개 데리고 호이호이 휘파람 불며
시름 놓고 가고 싶은 길이다

괴나리봇짐 벗고 화롯불 놓고 앉아
담배 한대 피고 싶은 길이다

승냥이 줄레줄레 달고 가며
덕신덕신 이야기하고 싶은 길이다

더꺼머리 총각은 정든 님 업고 오고 싶은 길이다

통영 - 남행시초 2

통영 장 낮에 들어갔다

갓 한 닢 쓰고 건시 한 접 사고 홍공단 댕기 한 감 끊고 술 한 병 받아들고

화륜선 만져보려 선창 갔다

오다 가수내 들어가는 주막 앞에
문둥이 품바타령 듣다가

열이레 달이 올라서
나룻배 타고 판데목 지나간다 간다

      (서병직씨에게)

화륜선 : 기선
가수내 : 가시나, 계집아이를 뜻함
판데목 : 통영 운하가 뚫린 어름의 수로

고성가도 – 남행시초 3

고성固城장 가는 길
해는 둥둥 높고

개 한 마리 얼씬하지 않는 마을은
해 밝은 마당귀에 맷방석 하나
빨갛고 노랗고
눈이 시울은 곱기도 한 건반밥
아 진달래 개나리 한참 피었구나

가까이 잔치가 있어서
곱디고운 건반밥을 말리는 마을은
얼마나 즐거운 마을인가

어쩐지 당홍치마 노란저고리 입은 새악시들이
웃고 살을 것만 같은 마을이다

시울은 : 환하게
건반밥 : 약밥

삼천포 - 남행시초 4

졸레졸레 돼지 새끼들이 간다
귀밑이 재릿재릿하니 볕이 담뿍 따사로운 거리다

잿더미에 까치 오르고 아이 오르고 아지랑이 오르고

해바라기 하기 좋을 볏곡간 마당에
볏짚같이 누우런 사람들이 둘러서서
어느 눈 오신 날 눈을 츠고 생긴 듯한 말다툼 소리도 누우라니

소는 기르매 지고 조은다

아 모두들 따사로히 가난하니

츠고 : 치고
기르매 : 짐 싣는 안장

69

6

함주시초咸州詩抄

북관北關 – 함주시초 1

명태 창난젓에 고추무거리에 막 찰질한 무를 비벼
익힌 것을
이 투박한 북관을 한없이 끼밀고 있노라면
쓸쓸하니 무릎은 꿇어진다

시큼한 배척한 퀴퀴한 이 내음새 속에
나는 가느슥히 여진女眞의 살내음새를 맡는다

얼근한 비릿한 구릿한 이 맛 속에선
까마득히 신라 백성의 향수도 맛본다

끼밀고 : 자세히 관찰하고
배척한 : 조금 비린
가느슥히 : 희미하게

노루 – 함주시초 2

장진長津 땅이 지붕 너머에 넘겨다보는 거리다
자구나무 같은 것도 있다
기장감주에 기장차떡이 흔한데다
이 거리에 산골사람이 노루새끼를 데리고 왔다
산골사람은 막베등거리 막베잠방등에를 입고
노루새끼를 닮었다
노루새끼 등을 쓸며
터 앞에 강낭콩순을 다 먹었다 하고
서른닷냥 값을 부른다
노루새끼는 다문다문 흰점이 배기고 배안의 털을 너
슬너슬 벗고
산골사람을 닮었다

산골사람의 손을 핥으며
약재료에 쓴다는 흥정소리를 듣는 듯이

새까만 눈에 하이얀 것이 가랑가랑한다

장진 : 함경남도 장진군. 주민 대부분이 농민이며 장진호, 장진 산장 등의 멋진 절경이 있는 곳
막베등거리 : 거칠게 짠 베로 만든 덧저고리
막베잠방등에 : 막베로 만든 아래 속옷
다문다문 : 드문드문
가랑가랑한다 : 가득 찰 듯하다

고사古寺 — 함주시초 3

부뚜막이 두 길이다
이 부뚜막에 놓인 사닥다리로 자박수염난 공양주는
성궁미를 지고 오른다

한말 밥을 한다는 크나큰 솥이
외면하고 가부 틀고 앉아서 염주도 세일 만하다

화라지송침이 단채로 들어간다는 아궁지
이 험상궂은 아궁지도 조앙님은 무서운가 보다

농마루며 바람벽은 모두 그느슥히
흰밥과 두부와 튀각과 자반을 생각나 하고

하품도 남직하니 불기와 유종들이
묵묵히 팔짱끼고 쭈그리고 앉었다

재 안 드는 밤은 불도 없이 캄캄한 까막나라에서
조앙님은 무서운 이야기나 하면
모두들 죽은 듯이 엎드렸다 잠이 들 것이다

자박수염 : 끝이 비틀리면서 아래로 잦혀진 콧수염.
공양주 : 절에서 시주하거나 밥 짓는 사람
성궁미 : 부처에게 쌀을 바침
화라지송침 : 소나무 가지를 땔감으로 장만한 다발
단채 : 통째
조앙님 : 길흉을 판단하는 부엌 신
농마루 : 천장
그느슥히 : 어두침침하게
불기 : 공양미 담은 그릇
유종 : 종지 보다 조금 큰 놋그릇
재 : 절에서 불공을 드림

선우사膳友辭 — 함주시초 4

낡은 나주 소반에 흰밥도 가재미도 나도 나와 앉아서
쓸쓸한 저녁을 맞는다

흰밥과 가재미와 나는
우리들은 그 무슨 이야기라도 다 할 것 같다
우리들은 서로 미덥고 정답고 그리고 서로 좋구나

우리들은 맑은 물밑 해정한 모래톱에서 하구 긴 날을 모래알만 헤며 잔뼈가 굵은 탓이다

바람 좋은 한벌판에서 물닭이 소리를 들으며 단이슬 먹고 나이 들은 탓이다

외따른 산골에서 솔개 소리 배우며 다람쥐 동무하

고 자라난 탓이다

  우리들은 모두 욕심이 없어 희여졌다
  착하디 착해서 세괏은 가시 하나 손아귀 하나 없다
  너무나 정갈해서 이렇게 파리했다

  우리들은 가난해도 서럽지 않다
  우리들은 외로워할 까닭도 없다
  그리고 누구 하나 부럽지도 않다

  흰밥과 가재미와 나는
  우리들이 같이 있으면
  세상 같은 건 밖에 나도 좋을 것 같다

세괏은 : 억세고 날카로운 모습

산곡山谷 —함주시초 5

돌각 담에 머루송이 까맣게 익고
자갈밭에 아주까리알이 쏟아지는
잠풍하니 볕바른 골짜기다
나는 이 골짜기에서 한 겨울을 날려고 집을 한 채 구
하였다
집이 몇 집 되지 않는 골 안은
모두 텃밭에 김장감이 퍼지고
뜨락에 잡곡 낟가리가 쌓여서
어느 세월에 뷔일 듯한 집은 보이지 않았다
나는 자꾸 골 안으로 깊이 들어갔다

골이 다한 산대 밑에 자그마한 돌능와집이 한 채 있
어서
이 집 남길동 단 안주인은 겨울이면 집을 내고
산을 돌아 거리로 내려간다는 말을 하는데

해바른 마당에는 꿀벌이 스무나문 통 있었다

낮 기울은 날은 햇볕 장글장글한 툇마루에 걸어앉아서
지난 여름 트럭을 타고 장진 땅에 가서 꿀을 치고 돌아왔다는 이 벌들을 바라보며 나는
날이 어서 추워져서 쑥국화도 시들고
이 바지런한 백성들도 다 제 집으로 들은 뒤에
이 골 안으로 올 것을 생각하였다

잠풍하니 : 바람이 잔잔하니
돌능와집 : 지붕에 얇은 돌조각을 인 집
남길동 : 남색 저고리 깃동

7

백석시선 白石詩選

남신의주 유동 박시봉방

어느 사이에 나는 아내도 없고, 또,
아내와 같이 살던 집도 없어지고,
그리고 살뜰한 부모며 동생들과도 멀리 떨어져서,
그 어느 바람 세인 쓸쓸한 거리 끝에 헤매이었다.
바로 날도 저물어서
바람은 더욱 세게 불고, 추위는 점점 더해 오는데,
나는 어느 목수 네 집 헌 삿을 깐,
한 방에 들어서 쥔을 붙이었다.
이리하여 나는 이 습내 나는 춥고, 누긋한 방에서,
낮이나 밤이나 나는 나 혼자도 너무 많은 것 같이 생각하며,
딜옹배기에 북덕불이라도 담겨 오면,
이것을 안고 손을 쬐며 재 위에 뜻 없이 글자를 쓰기도 하며,
또 문 밖에 나가지두 않고 자리에 누워서,

머리에 손깍지 베개를 하고 구르기도 하면서,

나는 내 슬픔이며 어리석음이며를 소처럼 연하여 쌔김질 하는 것이었다.

내 가슴이 꽉 메어 올 적이며,

내 눈에 뜨거운 것이 핑 괴일 적이며,

또 내 스스로 화끈 낯이 붉도록 부끄러울 적이며,

나는 내 슬픔과 어리석음에 눌리어 죽을 수밖에 없는 것을 느끼는 것이었다.

그러나 잠시 뒤에 나는 고개를 들어,

허연 문창을 바라보든가 또 눈을 떠서 높은 천정을 쳐다보는 것인데,

이때 나는 내 뜻이며 힘으로, 나를 이끌어 가는 것이 힘든 일인 것을 생각하고,

이것들보다 더 크고, 높은 것이 있어서, 나를 마음대로 굴려 가는 것을 생각하는 것인데,

이렇게 하여 여러 날이 지나는 동안에,

내 어지러운 마음에는 슬픔이며, 한탄이며, 가라앉을 것은 차츰 앙금이 되어 가라앉고,

외로운 생각만이 드는 때쯤 해서는,

더러 나줏손에 쌀랑쌀랑 싸락눈이 와서 문창을 치기도 하는 때도 있는데,

나는 이런 저녁에는 화로를 더욱 다가 끼며, 무릎을 꿇어 보며,

어니 먼 산 뒷옆에 바위 옆에 따로 외로이 서서,

어두워 오는데 하이야니 눈을 맞을, 그 마른 잎새에는,

쌀랑쌀랑 소리도 나며 눈을 맞을,

그 드물다는 굳고 정한 갈매나무라는 나무를 생각하는 것이었다.

남신의주 유동 박시봉방 : 남신의주 유동에 사는 박시봉 씨네
삿 : 갈대를 엮어서 만든 자리
쥔을 붙이었다 : 주인집에 세 들다
딜옹배기 : 질그릇 치고 매우 작은 것
북덕불 : 짚 풀 뭉텅이 태우는 불
나줏손 : 저녁 무렵

흰 바람벽이 있어

오늘 저녁 이 좁다란 방의 흰 바람벽에
어쩐지 쓸쓸한 것만이 오고간다
이 흰 바람벽에
희미한 십오촉十五燭 전등이 지치운 불빛을 내어던지고
때 쩔은 다 낡은 무명샤쯔가 어두운 그림자를 쉬이고
그리고 또 달디단 따끈한 감주나 한잔 먹고 싶다고 생각하는 내 가지가지 외로운 생각이 헤매인다
그런데 이것은 또 어인 일인가
이 흰 바람벽에
내 가난한 늙은 어머니가 있다
내 가난한 늙은 어머니가
이렇게 시퍼러둥둥하니 추운 날인데 차디찬 물에 손을 담그고 무며 배추를 씻고 있다

또 내 사랑하는 사람이 있다

내 사랑하는 어여쁜 사람이

어느 먼 앞대 조용한 개포가의 나즈막한 집에서

그의 지아비와 마주 앉아 대구국을 끓여놓고 저녁을 먹는다

벌써 어린것도 생겨서 옆에 끼고 저녁을 먹는다

그런데 또 이즈막하야 어느사이엔가

이 흰 바람벽엔

내 쓸쓸한 얼굴을 쳐다보며

이러한 글자들이 지나간다

— 나는 이 세상에서 가난하고 외롭고 높고 쓸쓸하니 살어가도록 태어났다

그리고 이 세상을 살아가는데

내 가슴은 너무도 많이 뜨거운 것으로 호젓한 것으로 사랑으로 슬픔으로 가득찬다

그리고 이번에는 나를 위로하는 듯이 나를 울력하는 듯이 눈질을 하며 주먹질을 하며 이런 글자들이 지나간다

— 하늘이 이 세상을 내일적에 그가 가장 귀해하고 사랑하는 것들은 모두

가난하고 외롭고 높고 쓸쓸하니 그리고 언제나 넘치는 사랑과 슬픔 속에 살도록 만드신 것이다

초생달과 바구지꽃과 짝새와 당나귀가 그러하듯이

그리고 또 '프랑시쓰 쨈'과 '도연명'과 '라이넬 마리아 릴케'가 그러하듯이

바람벽 : 방 옆을 막은 둘레 벽
앞대 : 저 멀리 남쪽
개포 : 개라고도 하고 강이나 내에 바닷물이 드나드는 곳
이즈막 : 얼마 전부터 이제까지 이르는 가까운 때

나와 나타샤와 흰 당나귀

가난한 내가
아름다운 나타샤를 사랑해서
오늘밤은 푹푹 눈이 나린다

나타샤를 사랑은 하고
눈은 푹푹 날리고
나는 혼자 쓸쓸히 앉어 소주를 마신다
소주를 마시며 생각한다
나타샤와 나는
눈이 푹푹 쌓이는 밤 흰 당나귀를 타고
산골로 가자 출출이 우는 깊은 산골로 가 마가리에 살자

눈은 푹푹 나리고
나는 나타샤를 생각하고

나타샤가 아니 올 리 없다
언제 벌써 내 속에 고조곤히 와 이야기한다
산골로 가는 것은 세상한테 지는 것이 아니다
세상 같은 건 더러워 버리는 것이다

눈은 푹푹 나리고
아름다운 나타샤는 나를 사랑하고
어데서 흰 당나귀도 오늘밤이 좋아서 응앙응앙 울
을 것이다

마가리 : 오두막
고조곤히 : 고요히

추야일경

닭이 두 홰나 울었는데
안방 큰방은 홰즛하니 당등을 하고
인간들은 모두 웅성웅성 깨여 있어서들
오가리며 석박디를 썰고
생강에 파에 청각에 마늘을 다지고

시래기를 삶는 훈훈한 방 안에는
양염 내음새가 싱싱도 하다

밖에는 어데서 물새가 우는데
토방에선 햇콩두부가 고요히 숨이 들어갔다

홰즛하니 : 호젓하게
당등 : 밤 내내 켠 등불
오가리 : 야채 살을 길게 썰은 후 말린 상태
석박디 : 김치 종류
청각 : 해초, 김치 고명으로 씀

팔원八院 — 서행시초 3

차디찬 아침인데
묘향산행 승합자동차는 텅하니 비어서
나이 어린 계집아이 하나 오른다
옛말속같이 진진초록 새 저고리를 입고
손잔등이 밭고랑처럼 몹시도 터졌다
계집아이는 자성慈城으로 간다고 하는데
자성은 여기서 삼백오십리 묘향산 백오십리
묘향산 어디메서 삼춘이 산다고 한다
쌔하얗게 얼은 자동차 유리창 밖에
내지인內地人 주재소장駐在所長 같은 어른과 어린아이 둘이 배웅 한다
계집아이는 운다 느끼며 운다
텅 빈 차 안 한구석에서 어느 한 사람도 눈을 씻는다
계집아이는 몇 해고 내지인 주재소장 집에서
밥을 짓고 걸레를 치고 아이를 돌보면서
이렇게 추운 아침에도 손이 꽁꽁 얼어서
찬물에 걸레를 쳤을 것이다

국수

눈이 많이 와서
산엣새가 벌로 나려 멕이고
눈구덩이에 토끼가 더러 빠지기도 하면
마을에는 그 무슨 반가운 것이 오는가 보다
한가한 애동들은 어둠도록 꿩사냥을 하고
가난한 엄매는 밤중에 김치가재미로 가고
마을을 구수한 즐거움에 사서 은근하니 흥성흥성 들뜨게 하며
이것은 오는 것이다
이것은 어느 양지귀 혹은 능달쪽 외따른 산 옆 언저리 예데가리밭에서
하룻밤 뽀오얀 흰김 속에 접시귀 소기름불이 뿌우연 부엌에
산멍에 같은 분틀을 타고 오는 것이다
이것은 아득한 옛날 한가하고 즐겁던 세월로부터
실 같은 봄비 속을 타는 듯한 여름볕 속을 지나서 들

쿠레한 구시월 갈바람 속을 지나서

　대대로 나며 죽으며 죽으며 나며 하는 이 마을 사람들의 으젓한 마음을 지나서 텁텁한 꿈을 지나서

　지붕에 마당에 우물둔덩에 함박눈이 푹푹 쌓이는 어느 하룻밤

　아배 앞에 그 어른 아들 앞에 아배 앞에는 왕사발에 아들 앞에는 새끼사발에 그득히 사리워오는 것이다

　이것은 그 곰의 잔등에 업혀서 길여났다는 먼 옛적 큰마니가

　또 그 집등색이에 서서 재채기를 하면 산넘엣 마을까지 들렸다는

　먼 옛적 큰 아바지가 오는 것 같이 오는 것이다

　아, 이 반가운 것은 무엇인가

　이 히수무레하고 부드럽고 수수하고 심심한 것은 무엇인가

　겨울밤 쩡하니 익은 동치미국을 좋아하고 얼얼한 고춧가루를 좋아하고 싱싱한 산꿩의 고기를 좋아하고

그리고 담배 내음새 식초 내음새 또 수육을 삶는 육수국 내음새 자욱한 더북한 샷방 쩔쩔 끓는 아랫목을 좋아하는 이것은 무엇인가

이 조용한 마을과 이 마을의 으젓한 사람들과 살뜰하니 친한 것은 무엇인가

이 그지없이 고담枯淡하고 소박한 것은 무엇인가

벌 : 넓고 평평한 땅
멕이고 : 활발히 움직이고
애동 : 한창 피어나는 청춘
산명에 : 이무기
분틀 : 국수틀
예대가리밭 : 산 꼭대기에 있는 밭
들쿠레한 : 조금 달고 구수한, 들큼한
큰마니 : 할머니
고담하고 : 속되지 않고 맑은 느낌

바다

바닷가에 왔더니
바다와 같이 당신이 생각만 나는구려
바다와 같이 당신을 사랑하고만 싶구려

구부정하고 모래톱을 오르면
당신이 앞선 것만 같구려
당신이 뒤선 것만 같구려

그리고 지중지중 물가를 거닐면
당신이 이야기를 하는 것만 같구려
당신이 이야기를 끊은 것만 같구려

바닷가는
개지꽃에 개지 아니 나오고
고기 비늘에 하이얀 햇볕만 쇠리쇠리하야
어쩐지 쓸쓸하구려 서럽기만 하구려

지중지중 : 천천히 신중하게 / 개지꽃 : 메꽃, 넝쿨풀에 가깝다
쇠리쇠리하야 : 눈부셔

나와 지렁이

내 지렁이는
커서 구렁이가 되었습니다
천 년 동안만 밤마다 흙에 물을 주면 그 흙이 지렁이가 되었습니다
장마 지면 비와 같이 하늘에서 내려왔습니다
뒤에 붕어와 농다리의 미끼가 되었습니다
내 이과 책에서는 암컷과 수컷이 있어서 새끼를 낳았습니다
지렁이의 눈이 보고 싶습니다
지렁이의 밥과 집이 부럽습니다

농다리 : 농어 종류

내가 이렇게 외면하고

내가 이렇게 외면하고 거리를 걸어가는 것은 잠풍 날씨가 너무나 좋은 탓이고
가난한 동무가 새 구두를 신고 지나간 탓이고 언제나 꼭 같은 넥타이를 매고 고은 사람을 사랑하는 탓이다

내가 이렇게 외면하고 거리를 걸어가는 것은 또 내 많지 못한 월급이 얼마나 고마운 탓이고
이렇게 젊은 나이로 코 밑 수염도 길러보는 탓이고 그리고 어느 가난한 집 부엌으로 달재 생선을 진잔장에 꼿꼿이 지진 것은 맛도 있다는 말이 자꾸 들려오는 탓이다

잠풍 : 잔잔한 바람
달재 : 바닷물고기의 일종, 달강어